DIESSEITS VON AFRIKA

Die Veranstaltung »Diesseits von Afrika« fand am 26. März 2011 auf Schloss Neuhardenberg statt.

Die Reihe Edition Stiftung Schloss Neuhardenberg ist ein Gemeinschaftsprojekt des Verlags Theater der Zeit und der Stiftung Schloss Neuhardenberg.
Herausgegeben von Bernd Kauffmann

Stiftung Schloss Neuhardenberg
Eine Gesellschaft des Deutschen Sparkassen- und Giroverbandes
Generalbevollmächtigter und Geschäftsführer: Bernd Kauffmann
Geschäftsführerin: Petra Lienhop
Vorsitzender des Aufsichtsrates und des Kuratoriums: Heinrich Haasis
Kurfürstendamm 214 | 10719 Berlin | Germany
www.schlossneuhardenberg.de

Verlag Theater der Zeit
Verlagsleitung: Harald Müller
Im Podewil | Klosterstraße 68 | 10179 Berlin | Germany
www.theaterderzeit.de

Redaktion: Nicole Gronemeyer
Gestaltung: Gudrun Hommers
Druck und Bindung: TASTOMAT Druck GmbH, Eggersdorf

Printed in Germany

ISBN 978-3-942449-28-1

DIESSEITS VON AFRIKA

●●●●●●● Edition Stiftung Schloss Neuhardenberg

Theater der Zeit

INHALT

DIESSEITS VON AFRIKA

Podiumsgespräch

Manfred Osten: Meine Damen und Herren, ich möchte Sie sehr herzlich begrüßen zu unserem Gespräch über einen Kontinent, der lange Zeit frevelhafterweise als ein vergessener Kontinent betrachtet worden ist und der uns nun außerordentlich überrascht hat durch die Tatsache, dass dort – in Nordafrika zumindest – ein großer Aufbruch stattgefunden hat, indem sich die Nationen auf den Weg gemacht haben, ihr Schicksal selbst zu bestimmen. Wir haben heute den Herrn Bundespräsidenten a. D. bei uns, der über dieses Thema ein Buch mit dem Titel *Schicksal Afrika* herausgegeben hat. Er selber hat in einem einleitenden Beitrag seine Hoffnung und Überzeugung zum Ausdruck gebracht, dass Afrika ein Kontinent auf dem Wege zur Demokratie ist. Das ist es, denke ich, was wir mit dieser neuen Situation in Nordafrika verbinden dürfen. Deshalb möchte ich die erste Frage gerne an Sie richten: Wie werden sich diese Prozesse im Sinne einer Demokratisierung dieser Länder wohl weiterentwickeln?

Horst Köhler: Ja, wenn ich das wüsste, meine Damen und Herren. Zunächst will ich sagen, dass ich nicht überrascht bin über diese Entwicklung, wenn ich auch nicht vorausgesehen habe, ebenso wenig wie alle anderen, was jetzt in Nordafrika passiert. Aber ich bin vor allem deshalb nicht überrascht, weil in der Region bereits seit vielen

Jahren nicht nur die Spannung zwischen Arm und Reich greifbar war, sondern auch, was noch wichtiger ist, dass die jungen Leute, die keine Perspektive für sich sehen, das auf Dauer nicht mit sich machen lassen würden. Es gibt natürlich verschiedene Einflussfaktoren für diesen Umsturz, aber ein maßgeblicher Faktor dieser Entwicklung ist, dass die Jugend rebelliert. Die Jugend, also Menschen unter dreißig, das muss man einfach wissen, das sind in Nordafrika wie in Afrika insgesamt über fünfzig Prozent der Gesamtbevölkerung. Wenn sie keine Perspektive haben, dann fragen sie sich, was eigentlich mit ihnen werden soll. Ich selber habe als Bundespräsident bei meinem Staatsbesuch 2007 in Algerien und Mauretanien mit Studenten in Algier gesprochen, die mir das ganz unverblümt gesagt haben. Sie sagten, Europa würde die Türen vor ihnen verschließen, obwohl sie doch die europäische Kultur, die europäische Geschichte als wegweisend für sich betrachten. Sie sagten, Europa will uns nicht, dann müssen wir wohl woandershin schauen. Es gibt in Deutschland einen Bevölkerungswissenschaftler und Konfliktforscher, Gunnar Heinsohn aus Bremen, der schon vor Jahren gesagt hat, dass ein sogenannter Youth Bulge, also ein Übermaß an jungen Menschen, historisch gesehen der häufigste Grund für Konflikte, Umstürze und Revolutionen ist, wenn dieser Youth Bulge keine Perspektiven hat. Es gibt natürlich auch andere Faktoren für diesen Umsturz – das repressive System, das Zurückbleiben hinter der Moderne und unterschiedliche politische Vorstellungen –, aber dass die Jugend rebelliert, halte ich für den wichtigsten. Vor allem die Jugend will auch Freiheit erleben. Die Rebellen werden sich hart anstrengen müssen, um die demokratischen Strukturen zu erschaffen, die sie in die Lage versetzen, aus der Freiheit für sich etwas zu machen. Dabei habe ich eine Sorge: Was wird passieren, wenn in ein, spätestens zwei Jahren die gleichen Jugendlichen, die sich jetzt alleingelassen fühlen, nicht den Eindruck haben, irgendetwas wird besser? Besser sowohl in politischer Hinsicht – also dass tatsächlich demokratische Institutionen, Strukturen, Repräsentativität entstehen – als auch in ganz persönlicher Hinsicht: Haben sie jetzt eine Perspektive für einen Arbeitsplatz, für eine Familie, für ein Einkommen? Ich kann nur warnen: Mit warmen Sprüchen wie ›Wir schicken Wahlhelfer dahin‹ wird es nicht getan sein, auch wenn wir die demokratischen Möglichkeiten nur begrüßen können. Europa muss wissen, wir müssen wissen, dass man Substanz beigeben muss, also auch materielle Hilfe, damit dieser Umsturz zu einem guten Ende, zu einer guten demokratischen Entwicklung führt.

Manfred Osten: Herr Dr. Asserate, Sie sind derjenige unter uns, der Afrika als Heimatkontinent kennt. Man hat immer wieder die Zukunft Afrikas im Sinne einer Demokratisierung der Gesellschaft bezweifelt. Das habe ich selbst – ich bin viele Jahre in Kamerun und im Tschad auf Posten gewesen – immer wieder gehört: Es fehlten in Afrika diese bei uns in Europa entwickelten zivilgesellschaftlichen Traditionen. Die Clan-Gesellschaftsstruktur erlaube im Grunde auch nicht so etwas wie die Möglichkeit von Mehrparteiensystemen, von sozialen Schichtungen. Das seien alles Hindernisse, mit denen eine Demokratie im europäischen Sinne dort nicht Fuß fassen könne. Wie sehen Sie vor dem Horizont der Ereignisse, die sich jetzt abzeichnen, diese Zukunft?

Asfa-Wossen Asserate: Eine zivile Gesellschaft, wie wir das in Europa kennen, gibt es in vielen afrikanischen Ländern noch nicht. Aber die Hoffnung auf Demokratie, vor allem die Hoffnung, dass eines Tages in Afrika ein freiheitlicher Rechtsstaat entstehen könnte, die finden Sie überall in Afrika. Es wird einige Zeit dauern, bis wir Afrikaner eine Alternative gefunden haben für das deutsche Wort ›Gegner‹. Das ist sehr interessant: Wir haben zweitausend afrikanische Sprachen, doch für dieses Wort ›Gegner‹ finden Sie in diesen zweitausend Sprachen kein Äquivalent. Der Afrikaner kennt den ›Freund‹ und den ›Feind‹, nicht aber den ›Gegner‹ – und der Gegner ist in meinen Augen eine Basis für eine Demokratie. Gegner heißt, dass es einen Menschen gibt, der anders ist als ich, der anders denkt als ich, ich diesen Menschen aber trotzdem respektieren muss. Ich glaube, wir müssen im Großen und Ganzen damit fertig werden und das akzeptieren, dann hört es auch auf mit den ethnozentrischen Attitüden einiger Leute. Wenn man den Anderen, der anders aussieht als ich, der eine andere Religion hat als ich, aus einem anderen ethnischen Background kommt als ich, wenn ich den respektiere und mit ihm umgehen kann, dann wird der Tribalismus in Afrika keine Zukunft mehr haben.

Horst Köhler: Dieser Umsturz in Nordafrika vollzieht sich vor dem Hintergrund anderer dramatischer Veränderungen in der Welt. Wir haben die Finanzkrise noch nicht ganz überwunden, und ich würde auch dazu raten, nicht schon wieder zu glauben, alles sei gelöst. Da ist noch nicht alles gelöst. Es gibt auch die Frage, wie es denn eigentlich weitergeht mit den weltpolitischen Machtzentren? Es ist ja unverkennbar, dass Asien auf dem Sprung ist. Es entwickelt sich eindeutig ein neues Machtzentrum. Die Regierungen in Asien, nicht nur in China, sind keine Demokratien in unserem Sinne. Das autoritäre Element in diesen Gesellschaften, in diesen Regierungen, ist stärker ausgeprägt als bei uns, um es ganz vorsichtig zu sagen – besonders in China. Ich selber habe bei meinen früheren Tätigkeiten in Afrika erlebt, dass die afrikanischen politischen Führer, aber auch junge Leute dachten, die Chinesen seien besser als die Europäer. Die brachten Geld und Investitionen, darüber haben sie sich gefreut. Es ist ja bezeichnend, dass die Chinesen eine China-Afrika-Konferenz zustande gebracht haben, bevor etwas mit den Europäern stattfand. Der chinesische Staatspräsident Hu Jintao hat ihnen natürlich alles schmackhaft gemacht, was in der Zusammenarbeit mit China für Afrika besser werde. Die Afrikaner wissen, dass China keine Demokratie ist, aber es gibt durchaus Leute, die sagen, vielleicht ist das Autoritäre dort gar nicht so schlecht. Sie sagen, die Europäer sind nicht so stark, sie reden viel, aber bieten wenig, handeln wenig, während die Chinesen da sind. Auch Afrika wartet nicht auf Europa. Europa ist jetzt gefordert, mit klaren Worten zu sagen, welche Vorstellungen der Zusammenarbeit mit Afrika es selbst hat. Wir müssen Substanz anbieten, damit Afrika auf die eigenen Füße kommt. Das dient auch unseren eigenen Interessen und wir müssen demonstrieren, dass wir als Europäische Union mit einer Stimme sprechen und handeln können. Auch das, das zeigt sich ja in Nordafrika, funktioniert bisher nicht.

Manfred Osten: Dazu darf ich vielleicht eine kurze Bemerkung machen, da ich selber fast sieben Jahre in Asien gewesen bin. Ich habe mir von kompetenter Seite erklären lassen, was China eigentlich im Schilde führt mit jenem sinoafrikanischen Kooperationsrat, der ja schon im Jahr

2000 gegründet worden ist. Damals wurde auf die Agenda gesetzt, dass eine multipolare Weltordnung geschaffen werden solle. Das heißt, dass sich hier zwei Verbündete gefunden haben, die unter der europäischen Last der Kolonisation gelitten haben, und die nun aufbrechen in eine neue Zukunft, die eben nicht eurozentristisch orientiert ist. China ist offenbar daran interessiert, diesen Kontinent in doppelter Hinsicht zu nutzen, nämlich als Rohstoff- und Energielieferanten und zum anderen als Absatzmarkt. Damit sind übrigens keine Forderungen oder Ansprüche im Sinne europäischer Entwicklungshilfe verbunden mit gewissem Wohlverhalten oder irgendwelchen Demokratisierungserwartungen. Das ist eine Herausforderung für uns: Wie erklären wir den Afrikanern, dass das nicht die Lösung ist? Wie kann man ihnen das deutlich machen?

Horst Köhler: Sicherlich nicht dadurch, dass man die Chinesen eher schlecht macht. Denn das war eine erste Reaktion. Die Europäer haben die Entwicklungen in Afrika schlicht verschlafen. Afrika ist ein rohstoffreicher Kontinent. Wir brauchen Rohstoffe, aber die Chinesen wachsen wahnsinnig schnell, sie brauchen noch mehr Rohstoffe, Indien braucht sie, also konzentriert sich jetzt alles auf Afrika. Die Europäer haben mit einer gewissen Selbstgerechtigkeit den Chinesen unterstellt, dass sie nur an die Rohstoffe kommen wollen. Das ist nicht immer fair. Die Chinesen bauen in Afrika aber längst auch Straßen und Fabriken für Gebrauchsgüter. Die Afrikaner müssen selbst abwägen, was eine gute wirtschaftliche Kooperation ist und welche Verträge dafür sorgen, dass mit ausländischen Investitionen Arbeitsplätze für Afrikaner entstehen. Ich finde es z. B.

nicht gut, dass die Chinesen vor allem ihre eigenen Arbeiter mitbringen. Ich habe in Madagaskar oder auch in Ghana erlebt, wie hilfreich das deutsche Angebot ist, unsere Erfahrungen mit guter Berufsausbildung auch in Afrika zur Anwendung zu bringen. Afrika braucht Handwerker, die z. B. wissen, wie eine elektrische Leitung richtig gelegt oder ein Auto repariert wird. Hier ließen sich Millionen von Arbeitsplätzen schaffen. Die Afrikaner wissen das auch. Deshalb glaube ich nicht, dass wir gegenüber der chinesischen ›Invasion‹ in Afrika auf verlorenem Posten stehen. Doch nur die Selbstgerechtigkeit zu sagen, die Chinesen seien autoritär und wollten die Rohstoffe absaugen, wird nicht ausreichen, sondern wir müssen sagen: Wir brauchen auch Rohstoffe. Wir wollten einen fairen Preis dafür zahlen und wir haben ein Konzept für die Zusammenarbeit mit afrikanischen Ländern, das Wertschöpfungsprozesse und Arbeitsplätze in Afrika fördert. Man weiß z. B. schon seit Langem, dass die Afrikaner auch die regionale Kooperation auf ihrem Kontinent entwickeln wollen. Die wirtschaftliche Zusammenarbeit z. B. zwischen den Ländern der East African Community kann den Afrikanern helfen, auch als Investitionsstandort attraktiver zu werden, und wir als Europäer können dabei helfen, die entsprechende Infrastruktur aufzubauen. Es gibt zum Beispiel Statistiken, die besagen, dass fünfzig Prozent aller Agrarprodukte in Afrika verderben, weil die Bauern ihre Produkte nicht auf den Markt in die nächste Stadt bringen können, weil sie keine Infrastrukturen, keine Transportmittel haben. Das weiß man im Grunde seit Langem, es tut sich aber nicht viel. Das viele Reden über Good Governance, gute Regierungsführung, ist schon richtig, aber wenn man nur belehrend nach Afrika geht und keine konkreten Angebote macht, wie sie sich selber helfen können, z. B. auch mit besseren Handelsverträgen oder Hilfen für den Aufbau einer verarbeitenden Industrie, dann versuchen es die Afrikaner eben mit den Chinesen.

Asfa-Wossen Asserate: Ich kann nur sagen: Wie recht der Bundespräsident hat! Lasst uns das mal in Zahlen anschauen: Im Jahr 2009 betrug die Gesamtinvestition der Volksrepublik China in Afrika etwas mehr als hundert Milliarden US-Dollar. Die Gesamtinvestition der westeuropäischen Länder plus Amerika und Japan betrug 15 Milliarden Dollar, also weit weniger als ein Drittel des chinesischen Volumens. Dann gibt es noch eine andere Sache: Der Präsident von Senegal hat einmal gesagt: Wir arbeiten so gut mit den Chinesen zusammen, weil es zum Beispiel drei bis fünf Jahre dauert, wenn wir einen Vertrag mit der Weltbank aushandeln, mit den Chinesen tun wir das in drei Monaten. Wir dürfen aber auch nicht vergessen, es ist nicht nur Coltan, es ist nicht nur Bauxit, es ist nicht nur Gold und Silber, das die Chinesen in Afrika suchen – und finden. Die Chinesen kommen auch nach Afrika mit dem Slogan: Wir stellen keine Fragen. Du kannst mit deinem Volk tun und lassen, was du willst, naja, wir tun's ja auch. Wir werden nicht nach demokratischen Regeln fragen. Wir werden nicht nach Menschenrechten fragen. Insofern unterminieren sie auch ständig die Angebote, sie halten sich nicht an Weltbankstandards und Standards im Sinne unserer Umwelt, sie halten sich an keinen dieser Faktoren und sind deshalb immer wieder gern gesehene Gäste. Meiner Ansicht nach darf Europa bei der Begegnung mit Afrikanern und mit Afrika seine eigenen Wertmaßstäbe nicht verlieren. Es hat einfach keinen Sinn, dass man die sogenannte

Realpolitik gegenüber Afrika weiterführt. Was bedeutet denn eigentlich Realpolitik? Nichts anderes als: Du kannst der größte Gauner auf Gottes Erden sein, doch solange du an der Macht bist, kommen wir Demokraten auf Knien und beten dich an. Was du mit deinem Volk machst, ist uns sowieso egal. Dies hat zu dem geführt, was wir jetzt in Afrika sehen. Es entsteht eine Generation, die sagt: Nein, ich werde nicht mehr erlauben, dass ihr Menschen unterstützt, nur weil sie mit euch auf der einen oder anderen Seite befreundet sind, aber die für mein Volk Gift sind. Wir sollen nicht so tun, als ob man bei all diesen Machthabern – die es, Gott sei Dank, in Afrika nicht mehr gibt – in den letzten zwanzig, dreißig Jahren nicht gewusst hat, wie sie reagiert und wie sie regiert haben. Es ging ja nicht mal nur darum, dass sie President for Life bleiben wollten, sondern sie sind ja noch weiter gegangen und wollten Dynastien wieder aufrichten, wenn man sich anschaut, was Mubarak in Ägypten oder Al-Assad in Syrien mit seinem Sohn vorhatte, in Togo und verschiedenen anderen afrikanischen Ländern ist es genau dasselbe: Es genügt ihnen nicht, bis zu ihrem Lebensende Präsident zu sein. Sie wollen auch noch, dass ihre Kinder übernehmen und dass das Ganze ein feudales Eigentum dieser Herrschaften bleibt. Gott sei Dank gibt es genügend Menschen in Afrika, die das nicht mehr zulassen. Vielleicht ist das, was wir jetzt in Afrika erleben, dieser zweite wind of change.

Manfred Osten: Was China betrifft, noch ein ergänzendes Wort. Wir kommen ja vielleicht nachher noch einmal auf die Werte zurück. Ich habe in Kamerun die Erfahrung gemacht, dass wir dort offenbar langsam obsolet werden. Es sind jetzt über eine Million Chinesen in Afrika, die zum großen Teil im Bereich der Dienstleistungen tätig sind. 24 Stunden stehen sie zur Verfügung und das zum halben Preis. Das heißt, dass diese ganz spezielle Motivations- und Leistungsorientierung, die die Chinesen mitbringen, als eine Wohltat für die Afrikaner empfunden wird. Hinzu kommt, dass sie zunehmend unsere Menschenrechte – auch durch Einflüsterung der Chinesen – als eine Form von Neokolonialismus betrachten. Ich frage mich, wie wir da rauskommen, wie wir diesen Leuten sagen können, nehmt doch unsere Serviceleistungen in Anspruch, wenn deutlich wird, dass China dort wesentlich günstiger und effektiver agiert.

Horst Köhler: Bevor wir zu dem Punkt kommen, dass unsere Angebote langfristig gesehen vielleicht sogar besser sind und mehr helfen, glaube ich, dass es das Wichtigste ist, dass die afrikanischen Länder selber – wenn's die Regierung nicht macht, dann die Zivilgesellschaft – darauf hinweisen, dass es nicht so toll ist, wenn die Chinesen ihre eigenen Arbeiter mitbringen, um Rohstoffe abzubauen, und die Afrikaner mit großen Augen zugucken, was sie da in schneller Folge bewegen. Die Afrikaner müssen selber sagen: Wenn wir mit euch Verträge machen, dann müssen die Verträge so ausgestaltet werden, dass bei uns die wirtschaftlich-soziale Entwicklung gefördert wird. Das ist fachlich gesprochen die Frage nach dem local content, also danach, was bei Auslandsinvestitionen bleibt, was gemacht wird, damit auch im Land viel bleibt. Das müsste meiner Meinung nach viel stärker gefordert werden, dann würde auch der Vergleich mit unseren Angeboten fairer ausfallen, weil man sonst nur die geringen Lohnkosten der Chinesen sieht, die tatsächlich in drei Schichten am Tag arbeiten, da kann kaum einer mithalten. Doch welche Idee einer wirtschaftlichen und sozialen Kultur sich damit verbindet, die den Menschen und nicht einfach der effizientesten Ausbeutung des Landes dient, das muss erst einmal von den afrikanischen Ländern selber gesagt werden. Ich sage ganz klar, die offiziellen Regierungen, die Präsidenten tun das zu wenig, und ich habe jede Gelegenheit genutzt, um die Zivilgesellschaften zu ermutigen, ihre Stimme zu erheben. Noch einmal: Ich möchte nicht den Eindruck erwecken, dass die Chinesen die bösen Buben sind, das stimmt nicht. Sie haben Interessen, sie investieren, aber ihre Vorstellung, wie man so etwas macht, ist auf lange Sicht nicht die selig machende Vorstellung für Afrika. Doch das müssen die Afrikaner selber herausfinden und dann entscheiden, was sie bei den Vertragsverhandlungen anders wollen.

Manfred Osten: Nun hat es ja 2008 in der von Ihnen ins Leben gerufenen *Partnerschaft für Afrika* eine Konferenz in Nigeria zu dem Thema der Asymmetrien zwischen uns und Afrika gegeben. Gerade vor dem Hintergrund der Forderung, dass die Afrikaner sich selber bestimmen sollen, ist festgestellt worden, dass sie – um nur einen Punkt der Asymmetrie zu nennen – vor allen Dingen auf internationalen Konferenzen schlecht vertreten sind, weil sie praktisch kein ausgebildetes Personal haben. Sie haben keine Beraterstäbe, sie sind – ganz abgesehen davon, dass es weiterhin Ungerechtigkeiten in der Agrar- und Handelspolitik gibt – letztlich also kaum verhandlungsfähig. Andererseits gibt es in Afrika Ansätze, die eigene Wertschöpfung zu stimulieren. Ich erinnere daran, dass es ja den *African Peer Review Mechanism* (APRM) gibt, mit dem die fortgeschrittenen und zukunftsorientierten Afrikaner so etwas einfordern wie Rechtsstaatlichkeit und Wirtschaftsreformen. Welche Hoffnung haben denn Sie, Herr Dr. Asserate, dass von diesen Zusammenschlüssen die Impulse kommen könnten, die hier der Bundespräsident angemahnt hat?

Asfa-Wossen Asserate: Ich meine wirklich, die größten Köpfe Afrikas, die gibt es. Ich glaube, der liebe Gott hat uns auf dieser Seite nicht alleine gelassen. In den letzten dreißig Jahren sind große Köpfe in Afrika entstanden, die leben nur nicht in Afrika. Sie sind in Amerika, sie sind in Europa, in Australien und in anderen Ländern, und sie dürfen seit Jahren nicht den Beitrag leisten, den sie leisten könnten, weil sie durch politische Hürden nicht in ihre Länder zurückkehren und an diesem Aufbruch mitarbeiten können. Deshalb umgeben sich diese Menschen nicht mit den afrikanischen Intellektuellen, weil sie zu gefährlich sind, weil sie immer wieder demokratische Strukturen anmahnen. Man tut eben das Beste mit dem, was man in der Hand hat, mit den Mitläufern, und die gehören nicht immer zu der Elite einer Nation. Aber ich möchte noch eines zu China sagen: Wir dürfen nicht vergessen, dass die Chinesen eine solche Position in Afrika haben erlangen können, weil sie wirklich Risiken getragen und in Afrika investiert haben. Wie sieht es denn mit Deutschland, mit Europa und den Investitionen aus? Da muss etwas getan werden. Was bieten wir denn als Alternative? Wie soll ich denn einen mittelständischen Unternehmer in Baden-Württemberg davon überzeugen, dass er jetzt bitte mal zehn Millionen in Afrika investiert? Der lacht sich tot und sagt: Ihr seid nicht mal in der Lage, mir den Totalausfall zu garantieren. Und wie viele von 53 afrikanischen Ländern haben denn die Möglichkeit, eine Hermes-Bürgschaft in Anspruch zu nehmen? Da müssen wir den deutschen, den europäischen Unternehmen die Wege ebnen und auch diesen Weg nach Afrika schmackhaft machen, damit sie in Afrika investieren können. Nur so können wir den chinesischen Giganten ein bisschen Paroli bieten.

Horst Köhler: Aber ich glaube, da ist jetzt etwas im Gange, damit es besser wird. Ich habe ein langes Gespräch geführt mit Herrn Löscher, dem Chef von Siemens. Siemens erkennt, dass Afrika ein großes Wachstumspotenzial hat. Sie wollen eine Strategie für Afrika entwickeln, mit angepasster Technologie, die in Afrika gebraucht wird, die leicht transportiert und auch in die Fläche gebracht werden kann. Auch die Rohstofffrage wird deutsche Unternehmen ermutigen, sich zu engagieren. Schon in den letzten zehn Jahren ist Afrika rein wirtschaftlich gesehen relativ gut gewachsen, in einer Größenordnung von über fünf Prozent. Ernst zu nehmende Institute wie das Hamburgische Weltwirtschaftsinstitut sagen: Wenn die einigermaßen vernünftig weitermachen, vor allen Dingen die Ausbildung verbessern, werden sie auf ein Durchschnittswachstum von sieben Prozent kommen. Nach allgemeiner Erfahrung braucht man etwa sieben Prozent Wachstum, um wirklich aus der Armut zu kommen. Das hat China geschafft, die haben 500 Millionen Menschen aus der bittersten Armut herausgeholt. Ich sehe dafür jetzt auch für Afrika eine Chance. Am optimistischsten stimmt mich, dass es inzwischen auch afrikanische Unternehmer gibt. Ich selber habe als Bundespräsident bei meinem Forum Strive Masiyiwa dabeigehabt, einen Telekommunikations-Unternehmer, der in Simbabwe geboren wurde und jetzt in Südafrika lebt, der hat ganz stolz erzählt, wie er selbst in Asien zu Aufträgen gekommen ist. Was hier im Gange ist, ist eine Chance, aber auch ein Risiko, denn es gibt inzwischen kapitalistische Erscheinungen in Afrika, die auch Fragen aufwerfen. Die Bevölkerungen müssen in der ganzen Breite an wirtschaftlicher Entwicklung teilhaben. Wichtig ist jetzt, demokratische Strukturen aufzubauen und Rechtsstaatlichkeit voranzubringen. Aber ich bin selbst für die Länder südlich der Sahara optimistisch, weil ich nämlich glaube, dass die jungen Leute in Nigeria mindestens so daran interessiert sind, was in Ägypten läuft, wie wir. In Afrika haben sie ja inzwischen wahnsinnig viele Handys und die Jugendlichen gehen in Internetcafés und sind mit der ganzen Welt verbunden. Diese Verbindung der Jugend Afrikas mit der Jugend in Nordafrika und auch in Amerika und Europa ist aus meiner Sicht ein Hoffnungs- und ein Stärkezeichen für eine positive Entwicklung in Afrika.

Manfred Osten: Herr Dr. Asserate, gerade ist das Stichwort Nigeria gefallen. Uns beschäftigt zur Stunde im Zusammenhang mit der Revolution in Ägypten die Frage, ob möglicherweise die Muslimbrüder oder die Nationaldemokratische Partei, das heißt also die Anhänger der alten Mubarak-Partei, durch den vorgezogenen Wahltermin einen großen Vorteil haben gegenüber den neuen, jungen Kräften, die die Revolution getragen haben. Wie ist überhaupt die Situation des Islam einzuschätzen? In Afrika gehören fünfzig Prozent der Bevölkerung zum Islam und fünfzig Prozent sind Christen. Sie kommen aus einem Land, das vorbildlich ist für sein Verhältnis zwischen Christen und Moslems. Aber wie sehen Sie den Einfluss des Islam in Afrika, der ja ganz besonders in den siebziger Jahren sehr dynamisch wurde und unter anderem in Tansania und Nigeria vorangeschritten ist? Sind das die Träger der Zukunft? Wie beurteilen Sie diese Entwicklung?

Asfa-Wossen Asserate: In den fünfziger Jahren des letzten Jahrhunderts sagte der französische Schriftsteller und Politiker André Malraux: So wie das 20. Jahrhundert das Jahrhundert der Ideologien gewesen ist, wird das 21. Jahrhundert das Jahrhundert der Religionen sein oder keins. Und wie recht er hatte! Das 21. Jahrhundert begann mit dem sogenannten Big Bang, mit Nine-Eleven in New York, und Religion und Glaube spielen natürlich in Afrika eine sehr große Rolle. Ich bin der Meinung, dass es noch nicht zu spät ist. Wenn ich etwa an Äthiopien denke und mir die Kirchen anschaue, habe ich noch nie so viele Jugendliche gesehen, die in die Kirche gehen, wie heute. Es gibt eine neue Generation, die sich für ihr seelisches Heil etwas mehr interessiert als etwa meine Generation, sowohl bei den Christen als auch bei den Muslims. Wir müssen einfach nur den Weg gehen, wir dürfen die Religion nicht verneinen, wir müssen sagen, sie ist eine Realität, und immer wieder darauf achten, dass diese beiden – und ich würde auch noch das Judentum dazunehmen –, dass diese abrahamitischen Religionen im Dialog miteinander bleiben. Das muss auch von oben forciert werden und darf nicht kanalisiert werden, um damit Politik zu machen. Aber die Tatsache, dass es eine Aufmerksamkeit dafür gibt, genau zu wissen, wem man angehört, das muss man diesen Jugendlichen erlauben, und dafür könnte, wie Sie richtig sagten, Äthiopien ein wunderbares Beispiel geben. Wie Sie alle, wie die meisten Europäer wissen, ist Äthiopien eines der ältesten christlichen Länder der Welt. Was die meisten nicht wissen ist, dass wir in Äthiopien die älteste muslimische Gemeinde außerhalb von Mekka und Medina haben, weil wir die ersten muslimischen Flüchtlinge 625 aufgenommen haben. Hier haben seit Generationen Muslims und Christen in friedlicher Koexistenz miteinander gelebt und wir müssen unsere Erfahrungen unseren afrikanischen Brüdern und Schwestern mitteilen und das in unsere Nachbarländer tragen, nach Somalia, vor allem in den Sudan, nachdem der Südsudan frei geworden ist, und hoffentlich auch nach Nigeria.

Manfred Osten: Herr Bundespräsident, wie sehen Sie denn diese Frage nach der Zukunft Afrikas im Hinblick auf den Islam? Es gibt ja ein Papier der Vereinten Nationen aus dem Jahr 2003, den sogenannten *Arab Human Development Report*, der zu dem Ergebnis kommt, dass das Generieren einer Wissensgesellschaft als wichtiges Potenzial, um aus der Armut herauszukommen, kaum möglich ist, weil der Islam mit dreihundertjähriger Verspätung die Buchdruckerkunst übernommen hat und auf einer präskriptoralen, mündlichen Tradition gründet, die den Anschluss an die Wissensgesellschaft des Westens eher erschwert. Gibt es denn keine Hoffnung, dass Afrika wenigstens auf dieser Ebene einen Fortschritt erreicht?

Horst Köhler: Da gibt es schon Probleme, aber man sollte diese Problemsicht auch nicht übertreiben. Da komme ich wieder zu meinem Punkt: Die Jugend Afrikas bzw. die Jugend in den muslimischen Ländern Ägypten, Tunesien, Syrien rebelliert. Das ist für mich der beste und wichtigste Beweis, dass diese Jugend Modernisierung will und es auch schaffen kann. Es ist ein altes Vorurteil, dass die muslimische Welt nur im Bestehenden verharrt. Das Kernproblem sind autoritäre Herrschaftssysteme. Die Revolution jetzt in Nordafrika beweist, dass auch die muslimische Welt zum Aufbruch fähig ist. Ganz abgesehen davon, dass Sie z. B. in Dubai einen geradezu bruchartigen Strukturwandel beobachten können. Ich würde grundsätzlich der Auffassung widersprechen, dass Muslime nicht in die moderne Welt gehen wollen. Wir haben diese Diskussion selbst mal in Europa oder in Deutschland geführt, als es um die Unterschiede zwischen Katholiken und Protestanten ging, bei uns hält sich heute noch ein bisschen das Vorurteil, dass die Katholiken ein wenig langsamer als die Protestanten seien. Das ist Blödsinn, wenn es auch bestimmte Ausprägungen gibt, wo die einen eben schneller agieren und die anderen langsamer. Ich bin zutiefst davon überzeugt, mit der richtigen Bildungspolitik, mit Angeboten einer fairen Handelspolitik, die dann auch zum Ergebnis hat, dass die muslimischen Länder erfahren, dass es sich für sie lohnt, zu investieren und zu modernisieren, wird das in Gang kommen. Aber ich sage bewusst: glaubwürdige Angebote. Nehmen Sie zum Beispiel Mauretanien. Dort leben Muslime und Christen gut zusammen. Ich habe auch mit dem Fischereiminister gesprochen, einem Moslem, der beseelt war von dem Konzept der nachhaltigen Fischereiwirtschaft, also eine Fischereiwirtschaft so zu organisieren, dass junge Fische noch wachsen können. Er hat mir aber gesagt, dass ihm die europäischen Regelungen und der Vertrag mit der Europäischen Union und das aggressive Abfischen vor den Küsten Afrikas eine nachhaltige Fischereiwirtschaft nahezu unmöglich machten. Und die Pointe ist, dass die Europäische Union die Entwicklung eines Fangschiffs fördert, das mit einer besonderen Technik ausgestattet sein soll, mit der der Boden buchstäblich abgesaugt wird. Da kommen alle jungen Fische rein und gehen kaputt, die größeren werden auf den Markt gebracht. Solche Unglaubwürdigkeiten sind Gift für eine konstruktivere, bessere Rolle der Europäer in Afrika. Hier bin ich kritisch mit uns selbst. Wir sollen ruhig die Chinesen kritisieren, da ist nicht alles Gold, was glänzt, aber wir sollen auch begreifen, was wir falsch machen. Dass die EU zu oft ambivalent ist, Doppelstandards anwendet, ist ein Thema, das man benennen muss.

Manfred Osten: Vielen Dank für diesen Hinweis. Ich denke, wir sollten diesen Gedanken noch vertiefen. Herr Dr. Asserate, der Bundespräsident ist selber im Jahr 2000 Direktor des IWF geworden. Der IWF bemüht sich ja bekanntlich, den Schwellenländern zu helfen.

Horst Köhler: Der IWF war jahrelang und zum Teil mit Recht Sündenbock. Er hat Fehler gemacht, aber auch Lehren gezogen.

Manfred Osten: Diesen Punkt will ich aufgreifen: Momentan kursiert ein Bestseller, der das zum Thema macht. Der Erzbischof von München, Reinhard Marx, eigentlich ein unverdächtiger Mann, hat ein Buch geschrieben mit dem Titel *Das Kapital.* Daraus möchte ich drei Sätze vorlesen, um zu hören, wie Sie als der bessere Kenner des IWF einschätzen, was hier möglicherweise ein Missverständnis ist. Er sagt: »Die wirtschaftliche Globalisierung wird im merkantilen Verständnis vorangetrieben. IWF und auch die Weltbank und Welthandelsorganisation üben auf Afrika einen erheblichen Druck aus, damit dort die Kapital- und Gütermärkte geöffnet werden. In einigen auf Kredite dieser Institutionen angewiesenen Ländern haben IWF und die Weltbank die grundsätzliche Gestaltung der Wirtschafts- und Sozialpolitik nahezu vollständig an sich gezogen, nicht selten zur Freude ausländischer Spekulanten und zum großen Schrecken der einheimischen Bevölkerung.« Ist das denn richtig?

Horst Köhler: Ich schätze Bischof Marx sehr und das Buch ist lesenswert, aber da ist, ehrlich gesagt, erneut nur zusammengetragen, was alles negativ über den IWF und die Weltbank gesagt werden kann. Sie haben Fehler gemacht und der wichtigste Fehler war, dass sie im Wesentlichen die gleichen Rezepte auf alle Länder angewandt haben. Also auf Englisch: One size fits all. Und das geht einfach nicht, man muss sich jeweils auf die Situation des Landes einstellen, da waren diese großen Institutionen nicht immer aufmerksam. Man muss aber auch sagen, um einen Satz zur Ehrenrettung dieser Institutionen hinzuzufügen, dass die positive wirtschaftliche Entwicklung in den letzten zehn Jahren mit den Reformen und mit der massiven Entschuldung afrikanischer Länder zu tun hat. Die war notwendig, aber wenn IWF und Weltbank einen Schuldennachlass akzeptiert hätten, ohne zu Reformen zu drängen, dann wäre nicht viel gewonnen worden.

Ich glaube, das Wichtigste überhaupt ist, dass die Afrikaner selbst bestimmen, was sie wollen und wohin sie wollen, und das mit ihrer Bevölkerung erarbeiten. Diktatorischen Regimen muss sich vor allem die afrikanische Zivilgesellschaft entgegenstellen. Wir haben aber auch allen Anlass, unsere eigene Politik der Zusammenarbeit kritisch zu überprüfen, z.B. die Fairness von Handelsregimen oder welchen Nutzen die afrikanischen Völker von der Rohstoffgewinnung in Afrika haben, wenn von den Einnahmen aus der Ölförderung z. B. nur 11 oder 12 Prozent im Land verbleiben. Und wenn Sie dann noch daran denken, dass von den 12 Prozent vielleicht die Hälfte in dunkle Kanäle geht, bleiben fünf, sechs Prozent für das Land übrig. Das ist ein Skandal im 21. Jahrhundert, aber wir müssen wissen, dass wir uns alle an die eigene Nase fassen müssen, weil wir ja das billige Benzin wollen. Manche Investoren sind hemmungslos, weil die Vertragspartner in den afrikanischen Ländern keinen Widerstand leisten und auch fachlich nicht kompetent sind.

Asfa-Wossen Asserate: Herr Bundespräsident, ich bin auch Ihrer Meinung. Wir Afrikaner sind da auch nicht fehlerfrei, auch nicht, was die Globalisierung angeht. Es ist richtig, dass uns dadurch, dass wir nicht in den europäischen Markt exportieren können, einiges an Geldern fehlt. Allein durch die Schwierigkeiten, in diesen Markt hineinzukommen, verlieren wir Afrikaner jährlich einen Betrag zwischen 20 und 30 Milliarden Dollar, nur weil diese Märkte für uns nicht offen sind. Das ist genau die doppelte Summe der Entwicklungshilfe, die jährlich nach Afrika fließt. Es wäre höchste Zeit, uns einfach nur die Möglichkeit zu geben, in diese Märkte hineinzugehen, denn man verlangt ja auch umgekehrt dauernd, dass wir unsere Märkte öffnen. Auf der anderen Seite, und diesen Schuh müssen wir uns anziehen: Wir jammern über die Globalisierung, aber wir profitieren nicht von den Chancen der Globalisierung. Wir exportieren Lebensmittel und landwirtschaftliche Produkte, aber wir fertigen keine billigen Spielzeuge, keine billigen Fahrräder, keine einfache Maschinen, um in diesem Bereich der Globalisierung mitzumachen und ein Wörtchen mitzureden. Das machen schon die Asiaten. Aber es muss jetzt auch mal möglich sein, dass wir uns die europäischen Märkte anschauen und dass man uns die Möglichkeiten gibt, diese Produkte auf den europäischen Markt zu bringen. Viele Fehler diesbezüglich wurden in den siebziger Jahren gemacht. Sie erinnern sich vielleicht, dass man über Afrika sagte: small is beautiful. Ich frage mich, für wen klein sein gut sein soll? Es gab in Europa tatsächlich Bewegungen, die in den siebziger, achtziger Jahren gesagt haben: Das Beste wäre, wenn die Afrikaner wieder zurückkehrten in ihre traditionellen Umgebungen, wo die meisten morgens früh zur Feldarbeit gehen, abends nach Hause kommen und ein Lagerfeuer machen, um das Feuer herumtanzen und die Alten erzählen ihren Enkelkindern großartige Geschichten. Meine Damen und Herren, dieses Afrika ist tot und dieses Afrika darf es nicht mehr geben. Eine Folge dieser Ansicht ist auch die Tatsache, dass hier in Europa viele tribalistische Bewegungen in Afrika unterstützt wurden. Man hat uns gesagt, ihr seid doch nicht imstande, eine Nation zu haben, ihr könnt doch nur tribalistisch denken, also unterstützen wir die verschiedenen tribalistischen Bewegungen. Ich kann nur sagen: cui bono? Hat sich mal jemand die Frage gestellt, was passieren würde, wenn wir jetzt jeder kleinen afrikanischen ethnischen Gruppierung dazu verhelfen würden, ein souveräner Staat zu sein? Mit wie vielen Staaten wir es in Afrika zu tun hätten? Ich hab's mal ausgerechnet: mit 2610 souveränen Staaten. Europa wird noch nicht einmal mit 53 afrikanischen Staaten fertig. Wollen wir das dann auch noch vervielfachen? Also lasst uns eines akzeptieren in Afrika, nämlich dass Afrika ein Teil dieser globalisierten Welt ist. Auch wenn wir Schwierigkeiten haben, da mitzumachen, öffnen Sie uns Wege, damit wir imstande sind, in dieser globalisierten Familie eine Rolle zu spielen.

Horst Köhler: So ist es. Es gibt doch das Beispiel des jungen Tunesiers, eines Gemüse- und Obsthändlers, der sich selbst verbrannt hat, um so ein Zeichen zu setzen. Die Europäische Union hat immer wieder blockiert, dass die Nordafrikaner mehr Gemüse, mehr Tomaten nach Europa liefern können. Der Vergleich hinkt, aber ich könnte auch dieses populistische Beispiel anführen: In Afrika lebt fast die Hälfte der Einwohner, rund 400 Millionen Menschen, von einem Euro und weniger pro Tag. Aber die europäischen Kühe werden über die Agrarsubventionen der Europäischen Union mit zwei Euro pro Kuh gefördert. Das Beispiel ist im Grunde nicht fair, weil es Unvergleichbares gegenüberstellt, aber es zeigt eben doch deutlich, dass die Handelsregime nicht fair genug für die Afrikaner sind. Ich mache dem IWF und der Weltbank zum Vorwurf, dass man das zu lange ignoriert hat. Ein Schlüssel für die Stabilität Afrikas und seine gute Entwicklung und auch der Schlüssel dafür, dass nicht in Zukunft noch viel mehr Afrikaner versuchen werden, nach Europa zu flüchten, wird sein, ob dort Arbeitsplätze entstehen und damit Einkommen. Das wird nicht gelingen, wenn die Afrikaner nicht in nennenswertem Umfang ihre reichen Rohstoffe auch selber verarbeiten können. Kakao ist immer noch ein Hauptexportprodukt als Rohstoff, aber die Schokolade und alles was daran hängt, wird in Europa gemacht. Genauso ist es mit den Mineralien usw. Wir alle haben uns ans Handy gewöhnt. Dafür benötigt man den sehr wertvollen Rohstoff Coltan, der zum Teil illegal von Afrikanern im Osten Kongos abgebaut wird. Sie müssen das tun, weil sie nur durch den illegalen Handel überleben können. Deshalb ist es für mich sogar denkbar – der Ökonom Friedrich List spricht etwa vom »Erziehungszoll« –, dass man eine zeitlich begrenzte Phase definiert, in der die Afrikaner ihre eigenen Verarbeitungsindustrien aufbauen können. Wenn das nicht gelingt, werden keine Arbeitsplätze entstehen und dann werden eben die Jugendlichen keine Perspektive mehr haben und zu uns kommen. Auf uns kommen damit große Veränderungen zu, aber wenn wir uns dem entgegenstellen, werden die Probleme noch größer sein.

Manfred Osten: Herr Dr. Asserate, wenn wir kurz auf Ihr Heimatland blicken: Bei Ihnen liegen über 20 Prozent der landwirtschaftlich nutzbaren Flächen brach. Das ist ein ungeheurer Skandal. Wie kann man ganz konkret aus dieser Falle herauskommen, in die Ihr Land geraten ist?

Asfa-Wossen Asserate: Man hat es jetzt damit versucht, dass man hunderttausende von Hektar Land an indische und saudische Investoren gegeben hat, damit sie Weizen und verschiedene andere Lebensmittel produzieren. Bis zum heutigen Tage weiß ich nicht, wie viel Prozent davon im Lande bleiben und wie viel bleiben muss, das sind alles Fragen, die noch beantwortet werden müssen. Aber was tun wir denn mit den Bauern, die bislang auf diesen Feldern gearbeitet haben? Ich glaube, nicht nur für Äthiopien, sondern für ganz Afrika ist die Frage des Landbesitzes immer noch nicht gelöst. Ich weiß, dass die äthiopische Revolution in erster Linie entstanden ist, weil neunzig Prozent des Landes uns gehörten und die einfachen Bauern gesagt haben, Land to the Tiller, Land demjenigen, der es bebaut.

Was ist denn daraus geworden? 37 Jahre nach der Revolution ist der äthiopische Bauer weiterhin nicht der Besitzer des Landes, das er bebaut. Gestern war er unser Pächter, heute ist er der Pächter des Staates. So kommen wir nicht weiter. Wir können dieses Problem der Subsistenzwirtschaft in Afrika, also dass jeder Bauer nur so viel produziert, dass er sich selbst ernährt, nur dadurch lösen, dass der Bauer dadurch, dass er mehr arbeitet, auch etwas dabei verdient, und dass das Land ihm gehört. Dazu kommt noch dieses psychologische Moment – denn für einen Afrikaner ist es sehr wichtig, dass er Teil dieses Universums ist, zur Ewigkeit dazugehört, die ja mit dem Land verbunden ist, denn nicht wir sind ewig, das Land ist ewig –, dass er einen Teil dieser Ewigkeit weitergeben kann an seine Kinder. Wenn wir dieses Problem nicht lösen, sowohl politischer als auch ideologischer Art, werden wir, glaube ich, nicht zur Vollernährung der afrikanischen Völker kommen.

Horst Köhler: Das ungenutzte Land, das es ja noch massenhaft gibt in Afrika, ist andererseits auch ein Grund, warum wir nicht zweifeln müssen, dass die Lösung der Ernährungsaufgabe für eine rasch wachsende Bevölkerung in Afrika gefunden werden kann, wenn zum Beispiel Landrechte besser genutzt werden oder Investoren kommen. Die Weltbevölkerung, jetzt sind es sieben Milliarden Menschen, wächst bis 2050 nach ganz zuverlässigen Prognosen auf über neun Milliarden Menschen. Also wird es 2050 mindestens zwei Milliarden Menschen mehr auf der Welt geben, und vor allen Dingen wird die Bevölkerung in Afrika sich verdoppeln von jetzt einer Milliarde auf zwei Milliarden. Diese Entwicklung verursacht in Bezug auf Wasser und Ernährung Riesenprobleme. Aber sie sind lösbar, wenn man diese Regionen und ihre Bedürfnisse stärker in die Entwicklungskonzepte einbezieht. Wir müssen uns ja zum Beispiel durchaus fragen, ob etwa die Idee, landwirtschaftliche Produkte zu Bioethanol zu machen, um damit billiges Benzin für die Autofahrer in den USA, aber auch bei uns herzustellen, sinnvoll ist. Teller oder Tank? Im Zweifelsfall muss klar sein, dass der Teller immer das Erste ist. Ich habe im Nordosten Brasiliens mit einem Priester, einem Iren, gesprochen, der sich um die Bauern vor Ort kümmert. Der hat vor Wut gekocht. Wenn man Zuckerrohr, das sehr bewässerungsintensiv ist, zur Gewinnung von Bioethanol anbaut, macht man den Kleinbauern den Zugang zu Wasser noch schwerer. Er sagte, dass dadurch den Bauern die Existenzgrundlage genommen wird. Das ist nur ein Beispiel; es gibt genügend andere Beispiele, wo wir einfach zur Kenntnis nehmen müssen, dass solche Entwicklungen mit unserem Lebensstil zu tun haben, der immer noch auf günstiges Benzin, günstiges Autofahren ausgerichtet ist. Dieser Lebensstil hat aber bei noch wachsender Bevölkerung Konsequenzen für den Ressourcenverbrauch. Deshalb müssen diese Dinge im globalen Maßstab diskutiert werden. Das Wichtigste ist, dass die Menschen in Afrika und in Lateinamerika sich selber ernähren können und eine Existenzgrundlage in ihrem Land haben. Die Bedürfnisse der Menschen in den Armutsregionen der Welt dürfen nicht dem westlichen Lebensstil untergeordnet werden. Präsident Bush hat mal ziemlich kühn gesagt, dass die USA ihren Lebensstil auf keinen Fall ändern werden. Das ist eine problematische Aussage, denn wir werden alle unseren Lebensstil ändern müssen, und ich glaube, dass dazu auch die Amerikaner willens und in der Lage sind. Wenn wir glauben, bei uns könne alles so bleiben wie jetzt, zum Beispiel massenhafter Individualverkehr mit entsprechendem Bedarf an Benzin, und gleichzeitig noch eine um über zwei Milliarden Menschen wachsende Bevölkerung, die zu ernähren und mit Wasser zu versorgen ist, dann könnten wir einen schweren Fehler machen. Schon jetzt gibt es ganz klare Prognosen, dass zum Beispiel Trinkwassermangel einer der wichtigsten Gründe für Krieg in der Zukunft sein wird.

Asfa-Wossen Asserate: Absolut, ja. Um aber noch eines zu sagen: Die Gefahr, dass sich die afrikanische Jugend tatsächlich eines Tages damit befasst, ob sie nicht doch nach Europa kommen sollte, ist ja keine Fiktion, sondern fast Realität. Die UNO sagt uns, schon heute versammelt sich eine halbe Million Menschen im Maghreb, Jugendliche aus allen Teilen Afrikas, um eines Tages diesen Sprung nach Europa zu schaffen. Die Europäer glauben immer noch, dass diese unglaubliche Mauer, die sie eines Tages errichten wollen, die natürlich zehn Meter hoch und 1850 Kilometer lang sein müsste, dass die noch vor den Afrikanern schützen würde. Meine Damen und Herren, lassen Sie uns den Teufel nicht an die Wand malen. Aber was machen wir denn, wenn wir eines Tages aufstehen und im *Deutschlandfunk* hören: ›Soeben erreicht uns die Nachricht aus Gibraltar, dass sieben Millionen Afrikaner auf dem Weg nach Europa sind, die sagen, schmeißt die Atombombe auf uns, wenn ihr wollt; wenn ihr uns nach Hause schickt, sind wir eh tot, weil wir nichts zu essen haben.‹ Das ist die ganz große Gefahr, vor der wir stehen.

Manfred Osten: Herr Bundespräsident, ich denke, wir müssen auch einen Blick auf diese Jugend werfen, die eigentlich den Anschluss an unsere Wissensgesellschaft gewinnen müsste, denn wenn Afrika wirklich aus der Armutsfalle herauskommen will, muss sie auf irgendeine Weise eigene Eliten entwickeln. Ich habe in den Jahren bei der Alexander von Humboldt-Stiftung aber festgestellt, dass die Eliten abwandern, weil sie keine Grundlagen haben, um vor Ort zu forschen, um Wissenschaft zu betreiben. Ganz besonders tragisch ist das Beispiel Südafrika: Apartheid ist zwar jetzt ein gelöstes Problem, aber die Regelung lautet nun, dass in den vorhandenen Wissenschaftsinstitutionen grundsätzlich jeweils ein Schwarzer und ein Weißer arbeiten müssen. Die Erosion der wissenschaftlichen Qualität ist mit Händen zu greifen. Wie kommen wir da raus? Gibt es Erziehungshilfe, die notwendig wäre, um den Anschluss zu finden an die wissensbasierte westliche Gesellschaft? Wo bleibt die Zukunft Afrikas, wenn sie den Anschluss nicht bekommt?

Horst Köhler: Das ist mit Sicherheit ein wichtiges Thema für eine langfristig gute Entwicklung in Afrika. Es gibt Universitäten, das wissen Sie, nicht nur in Südafrika, sondern in ganz Afrika. Ich selber habe zum Beispiel an der Universität von Kumasi in Ghana mit Studenten diskutiert und war beeindruckt von der Aufgeschlossenheit der Studenten und der wissenschaftliche Qualität der Lehrer und Professoren. Es ist also nicht so, dass da Stunde Null ist, aber natürlich müssen sie Anschluss finden. Für mich ist die Frage der Bildung generell und auch der wissenschaftlichen Bildung eine Frage, die das Selbstbewusstsein eines Volkes betrifft. Wissen Sie, wir können lange über Geld und Probleme reden, das Wichtigste ist, dass ein Volk Vertrauen zu sich selbst hat, sich selbst auch was zutraut. Das wird aber nicht eintreffen, wenn es keine guten Ausbildungsmöglichkeiten hat. Europa sollte die vorhandenen Ausbildungsprogramme und Kooperationsprogramme für Bildung – aber Bildung nicht nur in der Hochschule, sondern auch Fachbildung und Lehrerbildung – ausbauen. Ob nun in Mosambik, in Lateinamerika oder in Asien, überall bin ich z. B. auf »Humboldtianer« gestoßen. Die waren von Deutschland sehr angetan, weil sie hier die Wissenschaftsgesellschaft kennen gelernt haben. Das sollte verstärkt und weiterentwickelt werden. Wir sollten viel mehr Angebote machen, an unsere Universitäten zu kommen. Das wird sich für uns auszahlen. Ich habe überhaupt keinen Zweifel daran, dass man so auch in Afrika erfahren wird, dass wir auch wissenschaftlich alle Offenheit haben, mit ihnen zu arbeiten. Das ist auch ein Faktor der Vertrauensbildung. Denn heute redet auch in Afrika jeder über die Wissensgesellschaft, die Technologieentwicklung. Sie wollen nicht als Rohstoffproduzenten, als einfache Arbeiter, als Bauern oder als Dienstleister abgestempelt werden. Gerade die jungen Menschen, aber auch vernünftige politische Führer, wollen ihr Selbstbewusstsein und auch ihre Ziele mit wissenschaftlichem Fortschritt und moderner Technologie verbinden. Nehmen wir ein kleines Beispiel: In Afrika gibt es Heilpflanzen, die heute auch bei uns in der westlichen Welt entdeckt werden als große Quelle für Gutes, aber durch Patentrechte der Europäer oder der westlichen Länder ist es für die Afrikaner selbst teilweise nicht mehr möglich, diese Heilpflanzen für ihre Gesundheitspolitik oder -vorsorge zu nutzen. Der Schutz des geistigen Eigentums ist ein wichtiger Punkt, aber intellektuelle Afrikaner gerade aus dem Hochschulbereich stellen das vom Westen konzipierte Eigentumsrecht zumindest bei Patenten, die etwa auf afrikanische Pflanzen zurückgehen, zu Recht in Frage.

Manfred Osten: Sie haben vorhin gesagt, Herr Dr. Asserate, Afrika solle teilhaben an der Globalisierung der Welt. Diese Globalisierungsvorgänge folgen ja gewissermaßen einem merkwürdigen Naturgesetz: Das Kapital, das hat Karl Marx schon prognostiziert, akkumuliert und konzentriert sich, sodass sich weltweit die Schere zwischen Arm und Reich weitet. Wie kommt Afrika aus dieser Schwierigkeit heraus? Sie haben außerdem in Ihrem Buch *Afrika – Die 101 wichtigsten Fragen und Antworten* erwähnt, dass die Globalisierung in Afrika selbst verstanden wird als die Gefahr einer Unterminierung der eigenen Werte und der Kultur.

Asfa-Wossen Asserate: Also, dass man glaubt, in Afrika gäbe es kein Kapital, ist ein absolutes Unding. Natürlich gibt es sehr viel Kapital in Afrika. Leider Gottes ist es in den falschen Händen. Wenn ein afrikanischer Präsident in der Lage ist, 40 Milliarden im Ausland zu akkumulieren, dann kann man nicht sagen, in Afrika gebe es einen Mangel an Kapital. In einem Fall konnte der Präsident sogar die gesamte internationale Verschuldung des Landes aus seinem eigenen Portemonnaie bezahlen. Was wir deshalb in Afrika brauchen, ist in erster Linie Good Governance, wir müssen diese furchtbare Korruption in den afrikanischen Ländern bekämpfen. Wir müssen mit dem Potenzial, das wir haben, auch wirklich richtig investieren. Wir dürfen nicht nur Prestigeobjekte in Afrika bauen, Prestigeprojekte begleiten, sondern wir müssen uns fragen: Was braucht unsere Nation, wie können wir Berufe generieren und wie können wir vor allem auch der Gefahr entgegenwirken, die in Afrika durchaus im Entstehen ist – Sie sprachen vorhin von Universitäten –, dass es manchmal sogar Momente gibt, wo man sagt, dass wir zu viele Universitäten haben? Wenn ich an mein eigenes Land denke, waren wir bislang in der Lage, zwischen 25000 und 30000 Graduierte pro Jahr aus den Universitäten mit einem BA-Degree herauszubringen. Aber wir waren nicht in der Lage, von diesen 30000 Menschen mehr als fünf Prozent in Brot und Arbeit zu bringen. Es ist ein Unding: Sie kommen in dieses wunderschöne Sheraton-Hotel in Addis Abeba, und die junge Dame, die ihre Betten macht, hat einen BA-Degree. Ich sehe eine ganz große Gefahr, dass wir dabei sind, ein akademisches Proletariat aufzubauen, während es auf der anderen Seite vorne und hinten an Maurern und Schreinern fehlt. Ich möchte Ihnen eine Geschichte erzählen: Als ich 1989, kurz nach dem Mauerfall, gehört habe, dass es hier in Ostdeutschland Probleme gab, dass viele Unternehmen schließen mussten, Bäckereien und Metzgereien, habe ich einen Brief an den damaligen deutschen Wirtschaftsminister geschrieben. Ich dachte, ich hätte das Ei des Kolumbus entdeckt, und habe ihm gesagt: Wie wär's denn, wenn wir ein neues Programm ins Leben riefen? Könnte man diese Herrschaften nicht mal dazu verpflichten, für drei Jahre nach Afrika zu gehen? Das, was sie normalerweise als Arbeitslosenunterstützung bekommen, wird hier auf ein Konto eingezahlt, und aus irgendeinem Fonds könnte man denen dann für diese drei Jahre in Äthiopien oder in anderen afrikanischen Ländern ein Gehalt zur Verfügung stellen. Ich bekam einen der humorvollsten Briefe, den ich jemals in meinem Leben erhalten habe. Er sagte: Sie sind aber ein Optimist. Wir sind nicht mal in der Lage, diese Menschen von Erfurt nach Kassel zu bringen, und Sie glauben, der geht dann freiwillig nach Afrika? Aber ich glaube, in Zukunft müssen wir mit solchen Methoden mal versuchen, auch in Afrika das Handwerk wieder attraktiv zu machen. Wir müssen auch einfach mal von der Tatsache erzählen, dass wir in Deutschland in einem Land leben, in dem ein Elektriker mehr verdient als ein Universitätsprofessor. Warum soll das nicht sein? Auch der Afrikaner muss endlich wissen, dass es eine Zier ist, ein Handwerker zu sein und nicht nur ein Professor.

Horst Köhler: Ich habe ein gutes Beispiel: Die Handelskammer Hamburg hat zusammen mit der Handelskammer in der Hauptstadt von Madagaskar ein Projekt der dualen Ausbildung definiert und dann umgesetzt, also eine Handwerkerausbildung. Wie das so ist, wenn Präsidenten kommen, durfte ich dann dem ersten Jahrgang die Abschlussurkunden übergeben. Das war wirklich bewegend, man merkte richtig, wie die jungen und manchmal gar nicht mal so jungen Madagassen glücklich waren und ein richtiges Blitzen in den Augen hatten. Nach der Urkundenübergabe gab es einen Empfang. Alle dort waren schwarz bis auf eine Gruppe von acht bis zehn älteren weißen Männern, die plötzlich um mich herum standen. Die Handelskammer hat das Projekt mit dem Senior Expert Service gemacht, älteren Ingenieuren und Handwerkern, die halfen. Die kamen auf mich zu und sagten: Das war die schönste Berufstätigkeit meines Lebens. Das gibt's. Inzwischen gibt es einen ziemlich gut ausgebauten Senior Expert Service, auf der Basis von Freiwilligkeit und eben der Tatsache, dass man im Durchschnitt ja noch gute Lebensjahre mit 65, 70 hat, kann vieles geschehen. Da muss man gar nicht die große Weltpolitik zitieren, sondern schlicht das Interesse von älteren, erfahrenen Menschen aus Deutschland oder anderen Ländern, dahin zu gehen, mit einer Organisation unterstützen. Ich habe gesehen, dass es funktioniert, und die Madagassen waren wirklich dankbar. Wenn man diese Art von neuer Entwicklung, dass man nämlich auch als älterer Mensch, wenn man das gesundheitlich noch kann, dahin geht, auch nach Afrika, gibt es ganz tolle neue Möglichkeiten, für Frieden, für Verständnis zu werben. Im Übrigen glaube ich, dass auch bei uns – unsere Bevölkerung wird ja immer älter – die Frage, wie wir es schaffen, Ältere und Junge zusammenwirken zu lassen, eine Schlüsselfrage ist für den Erhalt unseres Wohlstands. Hier bin ich absolut optimistisch. Wir verschleudern ja beinahe, der Ökonom spricht von akkumuliertem Kapital, das Wissenskapital unserer älteren Leute. Aber das Tolle ist hier, dass die älteren Leute es freiwillig machen können. Sie sind nicht mehr gezwungen, aus Not Gelderwerb zu betreiben. Jetzt wissen Sie, warum ich auf dem Podium sitze, wegen Afrika. Ich bin ja jetzt auch ein Senior Expert, deshalb mache ich hier mit.

Manfred Osten: Das ist fast schon ein Schlusswort. Herr Bundespräsident, das duale Ausbildungsprojekt in Madagaskar, das Sie genannt haben, ist in der Tat ein vorbildliches Beispiel. Gott sei Dank gibt es eine ganze Reihe weiterer erfreulicher Projekte der Zusammenarbeit. Sie sind klein, aber sehr effizient. Ich denke hierbei auch an das Beispiel der Kooperation zwischen Ruanda und Rheinland-Pfalz. Wenn wir das konkret vor dem Hintergrund der Aspekte, die wir heute erwähnt haben, angehen und jeder für sich darüber nachdenkt, ob er nicht Afrika auf diese Weise helfen kann, dann kommen wir vielleicht weiter. Und es wird dann am Ende vielleicht nicht die Aussage kommen: Sie sind ein Optimist, wie Ihnen das einmal in dem Brief gesagt worden ist.

Asfa-Wossen Asserate: Ich bin ein Optimist, ja.

Manfred Osten: Karl Kraus hat behauptet, Optimismus sei Mangel an Information.

Asfa-Wossen Asserate: Ich hoffe nicht, dass das bei mir der Fall ist.

Manfred Osten: Ich denke, wir können in der Tat den heutigen Abend mit informiertem Optimismus beschließen.

Asfa-Wossen Asserate: Erlauben Sie vielleicht noch ein Wort: Meine Damen und Herren, als Afrika marginalisiert war und kein Mensch sich um Afrika kümmerte – Afrika war für viele Jahre der »K-Kontinent«, der Kontinent der Krisen, Katastrophen und Krankheiten –, gab es einen Menschen, der diesen Kontinent nicht vergessen hat. Dieser Mensch ist Horst Köhler. Und heute möchte ich von dieser Stelle aus dem Herrn Bundespräsidenten von ganzem Herzen danken für sein großartiges Engagement, dass die Welt Afrika nicht vergessen hat. Ich sage nur ein Wort: »Afrika ist der Lackmustest der europäischen Humanität.« Das kam von ihm.

Horst Köhler: Sie meinen es aber gut mit mir.

Asfa-Wossen Asserate: Nein, nein, das meine ich von Herzen. Sigmund Freud hat einmal gesagt, dass man sich gegen Vorwürfe wehren könne. Das Lob müsse man jedoch annehmen.

Asfa-Wossen Asserate ist ein Mitglied des äthiopischen Kaiserhauses und Sohn des letzten Präsidenten des kaiserlichen Kronrats, Prinz Asserate Kassa. Nach dem Abitur an der Deutschen Schule in Addis Abeba studierte er Geschichte und Jura in Tübingen und Cambridge und promovierte über äthiopische Geschichte in Frankfurt am Main. Die Revolution in seiner Heimat verhinderte die Rückkehr nach Äthiopien. Asfa-Wossen Asserate blieb in Deutschland und ist seit dreißig Jahren als Unternehmensberater für Afrika und den Mittleren Osten tätig. 2003 erschien sein Bestseller *Manieren*, 2007 seine Autobiografie mit dem Titel *Ein Prinz aus dem Hause David und warum er in Deutschland blieb*, 2010 *Die 101 wichtigsten Fragen und Antworten – Afrika* und *Draußen nur Kännchen. Meine deutschen Fundstücke*. Sein neuestes Werk heißt *Integration – oder die Kunst, mit der Gabel zu essen.*

Horst Köhler, promovierter Wirtschaftswissenschaftler, ist ehemaliger Präsident des Deutschen Sparkassen- und Giroverbandes, der Europäischen Bank für Wiederaufbau und Entwicklung und ehemaliger Geschäftsführender Direktor des IWF in Washington. Er hatte von 2004 bis zu seinem Rücktritt am 31. Mai 2010 das Amt des Bundespräsidenten der Bundesrepublik Deutschland inne. 2010 hat er das Buch *Schicksal Afrika* herausgegeben.

Manfred Osten studierte Rechtswissenschaften, Philosophie, Musikwissenschaften und Literatur in Hamburg und München sowie Internationales Recht in Luxemburg. Nach seiner Promotion trat er 1969 in den Auswärtigen Dienst ein, für den er in den folgenden Jahren u. a. in Frankreich, Kamerun, Tschad, Australien und Japan tätig war. Manfred

Osten war Referent für »Südliches Afrika« und »Dritte Welt Politik« im Auswärtigen Amt in Bonn sowie Leiter des Osteuropa-Referats im Presse- und Informationsamt der Bundesregierung. Von 1995 bis 2004 war er Generalsekretär der Alexander von Humboldt-Stiftung in Bonn. Manfred Osten publizierte vor allem kulturwissenschaftliche und kulturhistorische Werke, u.a. *Das geraubte Gedächtnis. Digitale Systeme und die Zerstörung der Erinnerungskultur* (2004) und *Die Kunst, Fehler zu machen* (2006).

Klares Format – streitbare Inhalte

Band 1 **STAATSZIEL KULTUR! STAATSZIEL KULTUR?** ISBN 978-3-940737-43-4
Mit Paul Raabe, Peter Raue, Tilman Spengler und Udo Steiner

Band 2 **»LICHTE FINSTERNIS«**
Lew Tolstoi – Utopien und die Wirklichkeit der Welt ISBN 978-3-940737-44-1
Mit Andrej Bitow, Michail Ryklin, Irina Scherbakowa, Jutta Scherrer, Friedrich Schorlemmer, Vladimir Sorokin, Rosemarie Tietze, Vladimir Tolstoi und Lerke von Saalfeld (Moderation)

Band 3 **DER PASS IN DEN FREIEN RAUM** Fußball und Politik ISBN 978-3-940737-45-8
Mit Thomas Brussig, Horst Eckel, Rudi Gutendorf, Nils Havemann, Marek Prawda, Moritz Rinke, Norbert Seitz und Markus Verbeet

Band 4 **AUF TAUCHGANG IM ABENDLAND** ISBN 978-3-940737-46-5
Mit Durs Grünbein, Joachim Kaiser und Manfred Osten (Moderation)

Band 5 **VERRATENES VOLK?** ISBN 978-3-940737-60-1
Mit Egon Bahr, Lothar de Maizière, Edgar Most, Ernst Schumacher und Harald Asel (Moderation)

Band 6 **FORM IST GEHEIMNIS DEN MEISTEN** ISBN 978-3-940737-61-8
Mit Asfa-Wossen Asserate, Bettina Böttinger und Manfred Osten (Moderation)

Band 7 **VON DEN GRENZEN DER ERKENNTNIS UND DER UNBEGRENZTHEIT DES GLAUBENS** ISBN 978-3-940737-63-2
Mit Wolfgang Huber, Wolf Singer und Manfred Osten (Moderation)

Band 8 **DIE DEUTSCHE EINHEIT: IRRTÜMER UND UMWEGE** ISBN 978-3-940737-69-4
Mit Lothar de Maizière, Richard Schröder und Jürgen Engert (Moderation)

Band 9 **ZUM GLÜCK: HIRSCHHAUSEN** ISBN 978-3-940737-78-6
Mit Eckart von Hirschhausen und Manfred Osten (Moderation)

Band 10 **LEISTUNGSFACH: SCHULDENAKROBATIK** Goethe und das Geld
ISBN 978-3-940737-90-8
Mit Matthias Matussek, Hanns Zischler und Manfred Osten (Moderation)

Band 11 **REGIETHEATER – THEATERREGIE** Zur Lage des deutschen Theaters
ISBN 978-3-940737-91-5
Mit Beiträgen von Joachim Kaiser, Ulrich Khuon, Peter Kümmel, Lars-Ole Walburg und Manfred Osten (Moderation)

Band 12 **NEBEL IN DEN NIEDERUNGEN** Zur Lage des deutschen Fernsehens
ISBN 978-3-940737-94-6
Mit Beiträgen von Alexander Kissler, Jobst Plog, Barbara Sichtermann und Norbert Seitz (Moderation)

Band 13 **WANDEL OHNE WACHSTUM** ISBN 978-3-942449-04-5
Mit Mathias Greffrath, Gertrud Höhler, Meinhard Miegel und Norbert Seitz (Moderation)

Jeder einzelne Band: 5,00 € Bände 1–8 in der »Edition«: 20,00 €